絶対、よくなる！

Saito Hitori

斎藤一人

PHP

がんばってるのに
「なぜか**ウマくいかない**」
「なんだか**ツイてないな**」
と思っているあなた。

心配しないでください。
あなたの人生は
絶対、よくなります。

一年後、あなたはきっと
〝いま〟をなつかしくふりかえります。
「よくなった!」って。

でも、**本当**のことを言うとね。

いま、あなたに
起こっていることすべて
ウマくいっていますよ。

もしかしたら、あなたの目には、
あまりウマくいっていないように
見えるかもしれませんが――

実はすでに
〝**素晴らしい目的地**〟に向かって
一歩ずつ前へと進んでいるんです。

お楽しみはこれからですよ♪

日本一ツイている私があえて言います。「あなたはすでにツイている」

〝いいこと〟をしたら、〝いいこと〟が起きる。
〝悪いこと〟をしたら、〝悪いこと〟が起きる。

世の中は、そういう〝しくみ〟なんですよ、とよくいいますね。

〝いいこと〟をしたら、〝いいこと〟をした報いがある、というのは本当です。
また、〝悪いこと〟をしたら悪い報いがあるというのも本当です。
ただし、悪いことの報いは天罰ではありません。あくまでも「自分のしたこ

との報いは、自分で受ける」ということなんです。

いまは、なかなか信じられないかもしれません。無理して信じていただかなくてもよいのですが、でも――。

神さまは、私たち人間が悪いことをしたからといって、制裁を加えるようなことはしないということを、私は信じている人間です。

私たちにいま起きていることは、すべて、より一層、豊かになって幸せになるために必要な一つの過程なのです。

いま、すべてのことが、神の愛によりウマくいっているのです。

絶対によくなる――という、明日の希望を捨ててはいけませんよ。

なぜかというと、**あなたは、すでにツイてる人だから。**

こんなにもたくさん本があるなかで、日本で一番ぐらい、ツイてる、と言われている私の本を手に取ったあなたはツイてる人です。

その名が天下にとどろく、大強運のわたし斎藤一人が太鼓判を押しているのですから、間違いはありません。

そして、あなたは絶対に、よくなります。

著者　斎藤一人

絶対、よくなる！

もくじ

日本一ツイている私があえて言います。

「あなたはすでにツイている」

プロローグ　斎藤一人流「原因」と「結果」の法則

第1話

あなたの人生は、絶対よくなる！

第2話 自分を幸せにできるのは、自分だけである

第3話 見方を変えてごらん。幸せはあなたのすぐそばにあるよ

第4話

結局、やられてもやり返さない人が一番強い

エピローグ

人生に奇跡を起こすたった一つの方法

装幀……小口翔平＋三森健太
（ｔｏｂｕｆｕｎｅ）
本文イラスト……桔川 伸
編集協力……日花
出版プロデュース……竹下祐治

プロローグ

斎藤一人流「原因」と「結果」の法則

みなさん、こんにちは。

〝一人さん〟こと、斎藤一人と申します（編集部注：一人さんは自分のことを「ひとりさん」と言います）。

しょっぱなから「信じられないぐらいよくなる話」というのをします。

録音した自分の話をあとで聞いていて、「これは、信じてくださいとは言いがたい話だ（笑）」と思いました。えっ？

一人さんの話は、そういう話がほとんどですよ、って？

当たってます（笑）。

でも、やると本当に、見違えるほど、人生がよくなるから不思議です。

一〇〇〇人に一人、いや、一万人に一人でもいい、私を信じてこの本を買ってくださった、あなたのために、お伝えしたいと思います。

信じられないぐらいよくなる話です。

原因と結果の法則

あなたに起きることは、起きるべくして起こっている

生きているといろんなことがありますね。

ときには、「まさか！」と声をあげたくなってしまうような〝こと〟も、自分に起きるでしょう。

「思いもよらない出来事に自分は遭遇《そうぐう》して、ガク然とした」と言ったり、思ったりするんです。

でも、本来、自分に起きることは起きるべくして起こる。必ず原因がありま

す。何もないところから、その現象が起きているのではありません。

偶然、起きた〝こと〟はないのです。**原因があって結果があるのです。**

問題は、ドカン！　と嫌なことが自分に起きた場合、「ドカン！　と嫌なことを自分が過去にした」ことが原因とは限らないということです。

他人《ひと》のことをあざわらったり、ちょっとからかったり、ブスッとした顔をして暗い気分をもよおすような言葉を口にしたり、「たいしたことではない」と思っているようなことでも、積み重なると、ある日、ドカン！　と、くるんです。

お金だって、たとえば一〇〇〇円ずつ積んで、何年も経ったある日、「一〇

○万円になってた！」ということがあったりするでしょう。

それと同じで、とるにたりないものでも積み重なると、ある日、ドカン！と、そういうのがくるんです。

〝いいこと〟もそうなんです。〝いいこと〟も、たとえば「たいしたことないだろう」と思って〝いいこと〟をポタッ、ポタッと続けてると、ごほうびがくる。逆に、悪いことをすると、嫌なことが起きる。

人生というのは、たったこれだけ、なんです。

人生で起こることすべてに原因があって結果がある。

あなたに起きることとは、偶然起きたように見えても、実は偶然ではないのです。

おまじない

困ったことが起こるのは、心が乱れている証拠

嫌なことが起きているとき、というのは、心が乱れて自分で自分をコントロールできなくなってしまうものです。

そうすると、さらに〝よくないこと〟を引き寄せてしまいます。

私たち人間の心は、磁石と同じです。

心に想うことと同じ現象を引き寄せてしまうパワーがあるのです。

そこで、本書の読者のみなさんに、特別に〝おまじない〟をご伝授いたしま

す。


「この程度の報いで済んで、本当によかった」×四回。

「ツイてる♪」×九回。


この言葉を言うと、その〝嫌なこと〟が消えちゃうんです。

たとえば、浮気して、奥さんにばれたときは（笑）、

「この程度の報いで済んで、本当によかった」×四回。

「ツイてる♪」×九回。

「この程度の報いで済んで、本当によかった」を四回言って、「ツイてる♪」を九回言ってみてください。

イヤミを言われようが、悪口を言われようが、何を言われても、
「この程度の報いで済んで、本当によかった」を四回。
「ツイてる♪」を九回。
言ってみてください。嫌なことは消えてなくなっちゃうんです。
次の項でもう一つ〝いいこと〟を、みなさんにお伝えします。
健康になるコツで、お金持ちにもなっちゃうという、実にお得な方法です。

口ぐせを変えると人生が変わる。

「この程度の報いで済んで、本当によかった」

「ツイてる♪」でいいことを引き寄せる。

礼儀

なぜ礼儀正しくすると人生はよくなるのか？

自分が病気だなと思ったら、礼儀正しくしてみてください。
なぜかというと、礼儀正しくすると、よくなるようになっているんです。
なぜか、治る確率が非常に高いんです。
海外の上流階級の人たちというのは、しょっちゅうパーティをやっています。
パーティをしていると、いいことがあるんです。パーティに行くと、健康で若々しく、さらに女性はキレイでいられるんです。

なぜかというと、**礼儀正しくしてなきゃならないから。**

「礼儀正しくする」とは、どういうことかというと、さっきまでケンカをしていた夫婦でも、パーティを主催するとなると、仲のいいフリをするということです。

そしてまた、呼ばれたほうも、内情を知っていたとしても、ニコッとして「いい家庭ですね」とか、「理想的な夫婦ですね」とか、言うんです。

わかりますか？

パーティでは、笑顔にしてなきゃいけないんです。

「今日は一段とキレイですね」「素敵な帽子ですね」とか、お世辞――相手が喜ぶ言葉――を言わなきゃいけません。

それから、自分を幸せそうに見せなきゃいけない、演技をしなきゃいけない。

これが「礼儀正しい」ということなんです。

こういうことをやっているうちに、人は健康になっていくし、お金持ちになっちゃう。

だから、外国へ行くと、上流階級の人たちはしょっちゅうパーティをやって、「おキレイですね」とかって、思ってなくても言うんです。

もっと言うと、上流階級の人がずっと上流階級でいられるのは、幸せそうな演技をするからなんです。

自分を幸せそうに見せていると、
本当にそうなっていく。

自分を幸せそうに見せる演技こそが
幸せへの第一歩。

心

心の中で思ったことをそのまま口にしてはいけない

「形だけじゃないか」かって？　カタチをバカにしちゃいけませんよ。「形から入る」と言うじゃないですか。

外から見て、幸せそうに見える、あの演技が大切なんです。

本当ではなくて、ただのフリじゃないか、と言うけれど、人というのはね、自分の心に忠実だとおかしくなっちゃう。ほとんど、そうなんです。

なぜなら、**心に忠実ということは、思ったことを言う**ということなんです。

心に思ったことを言っていて、ウソはついてないからいいじゃないか、と言うけれど、本当のことでも言っちゃいけないことって、山ほどあるんですよ。

たとえば、誰かと話しているときに、相手のことを「この人はいちいちうるさいなあ」と思ったとして、心に思った通りに「うるさいよ」って言ったらエライことになるじゃない？

自分の心が思った通りに「この人、ブサイクだな」と言ったら、言われたほうは傷つくんです。

だから、心に思ったことを言うんじゃないの、心に忠実ではいけないんです。

重きをおくべきは、**「理性」とか、「良心」とか、「知恵」なんです。**

心というのはころころ変わる、すごくあいまいなものです。昨日、思っていたことと、今日、思ってることが違うんだから（笑）。だから、基準を心においちゃダメですよ。

それよりも、われわれの先人たちの経験から生まれ、受け継がれてきた「マナー」という知恵にのっとって、礼儀正しく過ごすほうが確実によくなるんです。

「礼儀正しく」と言ったって、何も特別なことをするわけではないんです。会う人会う人に、笑顔で明るく「おはようございます」とか「こんにちは」とあいさつしたり、お食事のときは「いただきます」「ごちそうさまです」と言うとか、そういう日ごろのこと、小さいことなんです。

でも、そういう小さなことでも〝いいこと〟をやり続けていると、健康にもなるし、人生にもすごくいいんです。

「理性」「良心」「知恵」に従うほうが人生ウマくいく。

「笑顔で明るくあいさつをする」など〝小さいけどいいこと〟を積み重ねる。

第1話

あなたの人生は、絶対よくなる！

時は流れ、景色も人も変わります。
それも、いいほうに変わるんです。

あなたは私の言うことが信じられないかもしれません。私がいいかげんなことを言っているように聞こえるかもわかりません。

でも――。

絶対、よくなると決まっています。よくなるような〝流れ〟が宇宙にすでにあるんです。
あなたも絶対、よくなると決まっています。みんな、よくなります。

人生

人生が思い通りにいかないとしたら、それは間違いのサイン

そろばんでも、仕事でも、何でも、段々うまくなるのが当たり前です。

段々、速くなって間違いが少なくなっていくのです。

それが、段々たいへんになってきた、というのはおかしい。必ず、段々ラクになります。段々ラクに、楽しくなるものなんです。


そうならないとしたら、**何か自分に間違いがあるんです。**

よく、こんなことをおっしゃる方がいるんです。

「世の中、計算通りにいかないよ」って。

でも、私が知っている〝宇宙の摂理〟では逆なのです。計算通りにいくんです。計算が間違っていなければ。それが、計画通りにいかないのは、計算が間違っているのです。

たとえば、射撃の大会を屋外でやる場合、競技者としては、風向きの影響を受けることを計算に入れておくのが当然です。

それをしないで「風のせいで当たらなかった」ではないのです。風は吹くに決まっています。計算上、風の影響を加味しなきゃいけないのです。

だから、ウマくいかないときは必ず、自分に間違いがあるんです。

理想に燃え意気揚々と仕事を始めたら、理想通りにはいかなかった。

だとしたら、その理想のどこかが間違っているか、何かしら自分に間違いがあるんです。

人生は計算通りにいくものであり、「段々ラクになる」もの。

計算通りにいかないとしたら、
何かが間違っているサイン。

苦　労

成功するのに苦労は不要？

ウマくいかないとき、苦労しているときは、自分で自分に「おかしい」と言ってください。

ちなみに、この言葉は自分の間違いに気づく魔法の言霊《ことだま》です。

間違いをあらためないまま、「いや、私はもっとがんばりたいんです」はいけませんよ。がんばって間違いを続けるとたいへんなことになってしまいますからね。

何かウマくいっていないときは、**まず立ち止まるんです。**

なかなかウマくいかない人は、なかなか止まれないことが少なくありませんね。

たとえば、「苦労に苦労を重ねた末に成功する」などの観念が邪魔して、なかなか止まることができないことが多いのではないでしょうか。

えっ？　成功するのに苦労はいらないんですか、って？

もちろん、そんなものは必要ありませんよ。

本田宗一郎さん（本田技研工業の創業者）だろうが、松下幸之助さん（パナソニックの創業者）だろうが、成功者はみんな、苦労を乗り越えてきたように思うかもわからないけど、人が成功に向かっているときはワクワクしていて苦労はないのです。

成功者の苦労話、というのを、みなさんは聞いたことがあると思うんですけれど、たとえば、「夜中の二時まで働いていたよ」という話は、真実、こういうことなんです。

「好きなこと、やりたいことを仕事にしたから、いつまでもやっていたい」とか、「これでまた自分の夢に一歩近づくのかと思うとうれしくて、仕事に夢中になっちゃった」とか。

それで、ふと時計を見たら夜中の二時だった。わかりますか？

「弁当も食べないで働いた」というのは、本当は食欲を満たすより、好きなこと、やりたいことに没頭しているほうが、はるかに快感なんです。その本人にとってはね。

とくにノってるときは、そんなに空腹も感じないように人間の体はできているようです（でも、ちゃんと食べてくださいね）。

本当に楽しくて楽しくて、子どもが夢中で遊んでいる感覚とでも言いましょうか。ともかくエキサイトしています。それを苦労話に転化された形で伝わっただけなんです。

事実、苦労をしながら成功することはないのです。

夕方五時まで働くのが嫌な人だと、他人《ひと》が夜九時まで働いていると、どの人にも同じように「たいへんだね」とか言うでしょう。

でも、「やりたいことをやりたい」とか、「好き」を基盤に仕事している人にそんなことを言っても、全然、興味をもたない。どうでもいいんです。

やりたいことをやってたら、自分の気が済むまでやって、眠くなったら寝る――そういうことを誰にも気づかうことなくやれる毎日が最高なんです。

それを、「やめなさい」と言われたら、こんな不幸なことはない――と言っても過言ではないのです。それぐらい、楽しんでるんです。幸せなんです。

だから、苦労の先に成功がある、というのは大間違い。

成功というのは、**楽しみながら喜びながら成功していくもの**なんです。

苦労の先に成功がある、は間違い。

やりたいこと、楽しいことをやっている人が成功する。

間違い

いちばんの大間違いは、同じ間違いを続けること

人の魂も、人生も、より豊かで幸せなほうへ進んでいくようになっています。

それなのに、あなたが何か嫌な想いをしている、不快感を催すような考えをして苦しんでいるのだとしたら、**まず立ち止まること**です。

その嫌な気持ちは「間違ってますよ。止まってください」という合図だからです。

たとえば、1+1は「2」ですよね。
それを「3」と書けば、間違いだから先生からペケをもらいます。「3」は間違いだ、ということがわかったのだから、次は「3」と書かなければいいのです。

これが、間違いに気づいたときの軌道修正のコツです。

ウマくいかないときは、ふりだしに戻って間違いを探すのもいいんです。
「4」でも「5」でもいい、とりあえず「3」以外のことをやる。

そうやって、何か行動しているうちに正解の「2」にたどり着くんです。

ただし、一度ペケをもらったことは次はやらない。同じ間違いを繰り返していたら、どんどん悪くなってしまうのですよ。わかりますか？

いちばんの大間違いは、同じ間違いを続けることなんだよ、と言いたいのです。

同じことをやっているのはダメなんです。それで、「5」になり「6」になり、もっと嫌な気がする。

それが、私たちのなかにいる魂からのメッセージです。

あなたの魂は、あなたの人生をよく知っています。あなたがより豊かで幸せになるために必要なことを、あなた以上に知っているんです。

そして、あなたが、あなたの生きる道からずれたとき、モヤモヤしたり、イライラしたり、嫌な気持ちを起こすことによって軌道修正を促そうとしています。

ですから、合図が出たら、まず立ち止まるんです。同じことはもうやらない。

そして、他のことをやらなきゃならないのです。

ウマくいかなくなったら、まず立ち止まる。

ウマくいっていないときは、まず立ち止まる。
立ち止まって、他のことをやってみる。

ツイてる♪

自分のことを「ツイてる♪」と思える人にツキはやってくる

あなたは、ご自身のことを「ツイてる人」だと思っていますか？

この地球という星は「行動の星」です。どんなに立派なことを考えても、行動しないで、ただ、じっとしているだけでは何も始まりません。

「行動の星」で行動ができないと零点《れいてん》なんです。

一歩前に足を踏み出し、行動しなきゃ、どうしようもないのです。

ただし、行動に移そうとしたときに、「自分はツイてる♪」と思えないと、人はなかなか行動に移すことができません。「自分はツイてない」と思いながら行動したとしてもウマくいかないように、この世はなっているのです。

ですから、「自分はツイてない」と考えたり、言ったりする習慣のある人は、ぜひ、それをやめるよう心がけてみてください。

そして、「ツイてる♪」です。

別にラッキーなことが起きてなくても、思ってなくてもかまいません。**「ツイてる♪」という言葉を一日最低一〇回は言うといいでしょう。**

声に出さなくてもいいのですが、声に出したほうがより効果的です。いろいろな感覚が刺激されて「自分はツイてる♪」という考えが脳に定着しやすくなります。

脳科学の専門家の先生たちがそのようにおっしゃっています。

何度も何度も、繰り返し「ツイてる♪」「ツイてる♪」と言っているうちに、心から「自分はツイてる♪」と感じるようになってくるから不思議です。「ツイてる♪」と言っていると、自分でも知らないうちに、顔つきや行動が「いかにも、ツイてる♪」っていう人になってきて、本当にツイてることがバンバン起きてきます。

それが実に、ゆかいなんです。気分爽快です。

よかったら、一度やってみてください。

「自分はツイてる♪」を言いながら行動する人に運はやってくる。

ラッキーなことが起きても起きなくても、
一日一〇回は「ツイてる♪」を言おう。

第2話

自分を幸せにできるのは、自分だけである

これから私がお話しすることを信じられない人と、信じられる人がいるんです。

読者のみなさんが信じてくださっても、信じなくても、どちらでもかまいません。

この話を信じさえすれば、一億円の不労所得《ふろうしょとく》が入るとか、夢のような奇跡が起きるわけではありません。

また、人は誰でも、この人生を終えたときに、本当のことがわかるようになっているのです。

魂の成長

人は何のために生まれてくるのか？

人間の魂は永遠不滅です。

何回も何回も、人は生まれ変わります。

何のために生まれ変わるのかというと、自分を高めるためです。自分が成長するようなことを、魂はいろいろ経験したいのです。

笑ったり、泣いたり、いろんな想いをするなかで私たちは心を耕し、ちょっとずつ知恵をつけ、さらに豊かになっていきます。経験が豊かさの生みの親です。

だから経験したい。だから、何回も生まれ変わります。

「魂の成長」とは、他の誰かの幸せのために自分が苦労をしなくてはならないとか、自己犠牲であると、おっしゃる方もいます。

そのような考えを否定するつもりは、私にはありません。ただ、私が教わった「魂の成長」というのはこうですよ、と言いたいのです。

私の言う「魂の成長」とは、何かをガマンしたり、非の打ちどころのない人格者になったりすることでは、ありません。

そして、ここが肝心です。

いまの自分を、ちょこっとだけ、バージョンアップできれば、それでOKな

のです。

ですから、たとえば、キャバクラへ行きたい人に「キャバクラへ行っちゃいけないよ」と言っているのではないのです。キャバクラに行って、「そこで好かれる人間になろう」と思った時点でもうすでに、前のその人ではなくなっています。

これが「魂の成長」なんです。

いまの自分を、ちょこっとだけ
バージョンアップするのが
「魂の成長」。

行動してさまざまな経験を重ね、
成長するために人は生まれてくる。

運　勢

何気なく口にしたことが運勢を悪くしていることも

私たちは一人ひとり、素晴らしいものをもって生まれました。

でも、私たちの「為《な》す」ことに〝完ぺき〟はありません。

ついうっかり、他人《ひと》をさげすむようなことを言っちゃうことも、ときにはあるでしょう。ただ、そんなことでも、自分の運勢が悪くなってしまうんですよ。

自分が何気なくしていることが、運勢を悪くしていくなんて絶対に嫌だと、もし、あなたが思うのならば、これから私が話すことがお役に立つかもしれません。

ただし、私の思いとしては、みなさんに強要《きょうよう》するつもりは一つもありません。そのことをあらかじめお伝えしておきますね。

まず、「キャバクラなんて……」という言い方を私はしない人間でありたいと思っています。そういう言い方はよくないよな、って思っているんです。

キャバクラに行ってる人は自分のお金で遊んでいるんだし、また、そういうところで生きている人もいます。シングルマザーみたいな女性で、キャバクラで働いて子どもに食べさせたり、学校へ行かせたりしている人もいるんです。

他人《ひと》のことを、何がいけない、かにがいけない――いろいろ言いたくて、言いたくてしょうがない――という人は言えばいいのです。ホントにいいんですよ。

ただ、天網恢恢疎《てんもうかいかいそ》にしてもらさず、と言うのです。

簡単に言うとね、**天の神さまがそれを見ていますよ、ごまかしがききませんよ、って言うんです**。わかりますか？

「クラシック音楽はいいけど、演歌はいけない」みたいなことを思う。演歌を聴いているお客さんに、柄の悪い人がいるのかもわかんないけど、柄のいい人もいる。クラシックを聴いてる人も同じですよ。柄が悪いのも、いいのもいるんです。

ともかく、どこへ遊びに行こうが、どこでお金を使おうが、自分のお金を使うんですよね。だったら、そこで好かれたほうがいいよな、って思うんです。だって、自分のお金を使って、身銭を切ってまでして「嫌なお客だ」とか言われたら自分がかわいそすぎだもん（笑）。

他人《ひと》のよくないところを指摘ばかりしていても、運勢はよくならない。

悪いところばかりを指摘されて
気分のいい人はいない。

魂の
成長過程

自分も他人《ひと》も互いに「大切な存在」と認め合う

先ほど、私たちは、それぞれ自分の魂を成長させるために生まれてきた、という話をしたんですけれど、じゃあ、魂はどんなふうにして成長していくんですか、ということですよね。

おおざっぱに言うと、〝魂の旅路〟（魂の成長段階）は、次のようになっています。

いちばん最初、ピラミッドの一段目は「自分も嫌い、他人《ひと》も嫌い」というふうに、自分も周りも認めない、世の中ぜんぶ否定する、というところから始まります。

そこから成長して、次の、二段目になるとどうなるか。

「自分は大切だけど、他人《ひと》はそうでない」あるいは、逆に「他人《ひと》は素晴らしいけれど、自分はダメなんだ」と思っちゃうんです。

そのまた次の段階、〝魂の旅路〟の目的地にいちばん近い（もっとも理想的な）ところまでくると、「自分は唯一無二のかけがえのない存在で、同様に他人《ひと》も唯一無二のかけがえのない存在だ」と思うんです。

いま、魂の成長過程がイメージしやすいように、ピラミッドの一段目、二段目、などと言いましたけれど、自分も人も、みな大切な存在だということがわかっている人は、自分より後ろのほうで〝魂の旅路〟を歩いている人のことを「自分よりレベルが下の人」というような、とらえ方はしません。

そして、世の中は、**自分も他人《ひと》も「大切な存在同士だ」と互いに認め合える、**そういう社会であれば最高です。

自分も他人《ひと》もすべて「大切な存在だ」と認め合う。

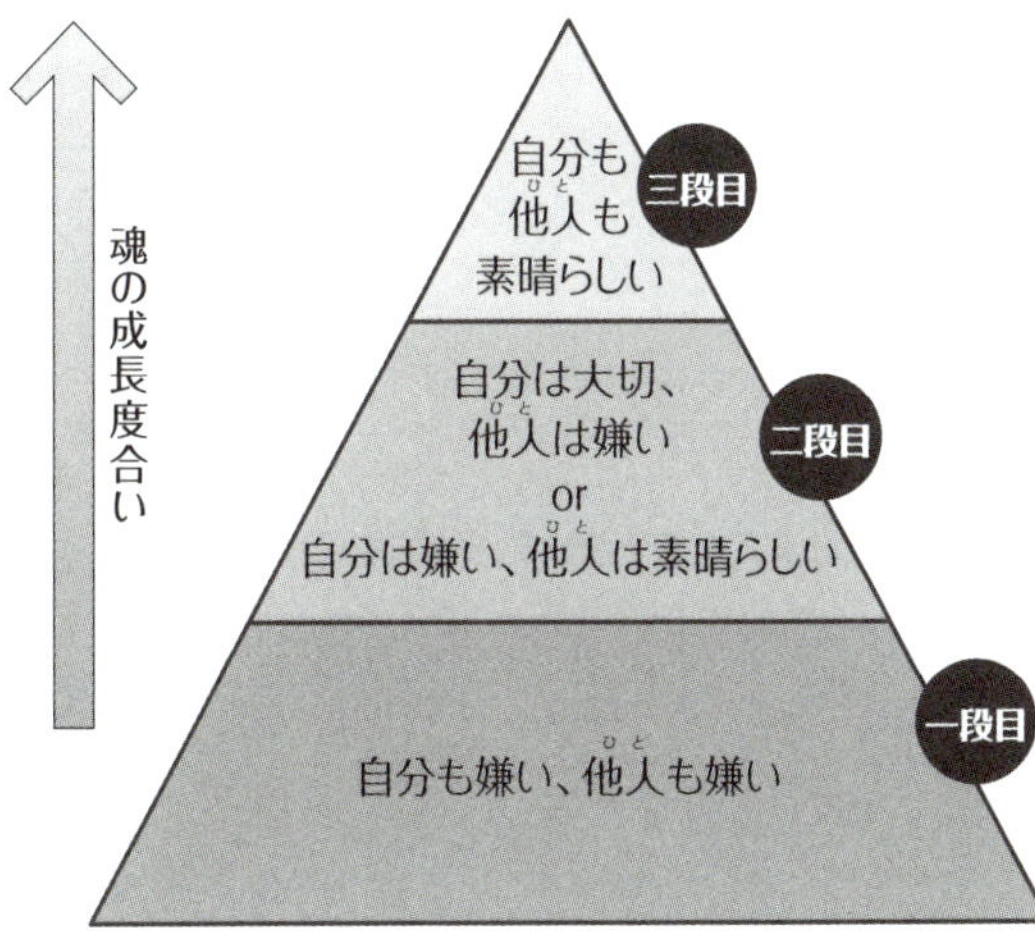

不平・不満

人はなぜ不平・不満やグチを言ってしまうのか？

この世の中は、自分も他人《ひと》のことも認められないとすると、嫌なことだらけ。そうなってくると、生きながら地獄にいるのといっしょです。

苦しくて苦しくて、しかたがない状態になってしまいます。

じゃあ、自分のことを認めないで、自分のことを卑下《ひげ》してばかりいて、「あの人は素晴らしい」「この人は素晴らしい」ということをやっていればいいんですか、というと、これもやはりつらいんです。

また、「自分はこの段階なのに、あなたはまだまだですね」というような、上から目線な考え方をしているときもスカッとしない。モヤモヤするんですよ。

たとえば、日ごろから、自分はいい言葉をしゃべり、自分がいる場所を明るく照らそうと思っているんだけれど、地獄言葉――不平不満、グチ、泣き言などのマイナスの言葉、自分も周りも嫌な気分にさせる言葉を、私は「地獄言葉」と呼んでいます――を四六時中、口にしている人に対して、イライラしたり、怒ったりすることがありませんか？

どんなに「周りに毒をまいちゃダメじゃない」とか、どんなに注意しても相手はやめないんです――と相手に対する不平不満を誰かに言ってても、それを言ってる間じゅう、言ってる本人は、何とも言えない、いやあな感じを味わっているんです。わかりますか？

地獄言葉を言わないほうがいい、なんていうことは、みなさん、知っているんです。だけれども、自分が言わないのって、すごく難しいんですよ。

他人《ひと》が地獄言葉を口にすると、すぐ条件反射的に注意をするけど、この世の中、自分が他人《ひと》に言った通りに生きてる人はどれぐらいいるんですか、っていう。

わかりますか？

相手のこともそうだけど、**自分で自分のことを否定したり、責めたりするのはやめていかなきゃ、なかなか幸せになれないですよ、**って言いたいんです。

「自分はダメだ」「アイツはけしからん」をやめよう。

自分のことも他人《ひと》のことも認めると、人は幸せになれる。

味　方

自分を幸せにできるのは自分しかいない

ちょっと話が寄り道するんですけれど、昔から私がお弟子さんたちに教えてきたことは、人間として生まれてきた以上、最低一人は幸せにしなきゃいけない人がいるんだよ、ということなんです。

まずその人を幸せにしないと、他の人を幸せにすることはできません。だから、その人をまず、最初に幸せにしてあげる。

それができてはじめて、もう一人、他の人を幸せにしてあげられます。

じゃあ、自分が幸せにしなきゃいけない人って、誰だと思いますか？

実は、**自分自身なんです**。

あなたがまず幸せにしてあげなきゃいけない人は、他の誰でもない、あなた自身です。

自分はまず自分自身を幸せにしなきゃならない――という前提に立ったとき、「他人《ひと》の地獄言葉は注意するけど、自分も言ってるじゃないか」とか、自分に都合の悪いことを考えてはダメなのです。だって、自分に都合の悪いことを考えていたら、自分が苦しくてしょうがないんです。

自分で自分のアラ探しをする必要はないんです。なぜなら、自分のよくないところは、周りがいくらでも指摘してくれる（笑）。自分でやらなくていいんですよ。

あなたはあなたの味方でいてあげてください。

とくに、自分のいたらなさを感じ、ダメな自分と直面しているときこそ、どうか思い出してほしいのです。

「最高になさけない、ダメな自分のいちばんの応援団は自分なんだ」

ということを。

応援なんてできませんよ、自分はこんなダメなのに――と思いますか？　だからこそ、自分がなるんです。いちばんの応援団に、自分がなってあげなきゃいけません。

ちなみに私は、絶対に自分を裏切ったりはしません。だらしのない自分の味方をしてくれる奇特な方はそうそういないだろうと思うからこそ、一人さんは絶対一人さんの味方なんです。

周囲の人たちに「一人さんはタフですね。全然、動じないね」と言われる理由は、そこだろうと思います。

そこが私の〝強さ〟じゃないかなと思うんです。

自分が自分の
いちばんの応援団になる。

ダメな自分、だらしない自分に「ＯＫ」を出す。

他人《ひと》との“差”

自分と他人《ひと》の〝差〟を認める

元に戻って、自分も他人《ひと》も「大切な存在同士だ」と互いに認め合える世界が理想ですよ、という話なんですけれど。

一人ひとり、考え方も個性も、いろんなものが違うなかで、「自分もステキ、あなたもステキ」というように認め合おうよ、と私が言ったのは、「お互い好きあいましょう」とか「仲よくしましょう」というのではないのです。

自分と他人《ひと》との〝差〟をとるように心がけてみましょうよ、と言っているのです。

〝差〟をとるというのは、たとえば、こういうことです。

自分はダンナさんを愛していて、家族を愛している。それは素敵でしょ？でも、一〇回離婚している人も素敵なんですよ。

「あの人ったらねぇ」って、批判の対象ではないのです。

あの人はあの人の人生を歩んでる、あなたはあなたの人生を歩んでる。歩む人生は違っても、ともに魂の成長を目的に人生の旅路をいく〝旅人〟なんです。

だから、たとえば、私は女性が好きです。男性が好きな男性もいるんです。それを第三者がとやかく言ったってしょうがない。自分が正しくて、あなたが間違っている、というものではないのです（だからと言って、私のことは狙わないでね〈笑〉）。

また、働き者の人がいます。わたし一人さんも働くことが大好きです。

一方、働いていない人もいるでしょう。そういう人は、親御さんに養われているかもわからないし、一生かかっても使いきれないほどの財産を持っているのかもしれない。ともかく、その人なりの事情があるんです。

だからと言って、私のように、働くのが好きで好きでたまらない人間を、無理やり休ませようとするのはよくありません。

逆に、自分が働くのが好きだからといって、「だから、あなたも働きなさい」と言ったところで通らない。

生まれつき、働き者ではない人がいるんですよ。

「私はこれが好き。あなたはこれが好き。お互い、好きなことをやれてよかったね」

「そうだよね、幸せだよね、豊かだよね」

お互い大切な人同士、自分もガマンしないし相手にもガマンさせない関係であったら、最高にハッピーだと思いませんか？

「私も生まれながらにして、すごい価値がある存在だけど、あなたも元から、すごい価値のある存在なんだよ」

「自分も素敵だけど、あなたも素敵だね」

そういうスタンスで話ができる世の中が、いちばんの理想なんです。

そして実はこれが、いちばんの〝さとり〟なんです。

「自分も素敵だけど、あなたも素敵」と互いを認め合う世の中にしよう。

考え方も個性も人それぞれ。
お互いの〝差〟を認め合いましょう。

自己責任

自分がやったことの報いは、すべて自分が受ける

もうずいぶん前から言っていることなので、ご存じの方も多いと思うんですけれど、「二十一世紀は〝魂の時代〟だよ」って言うんです。

〝魂の時代〟とは何ですか、というと、「自己責任の時代」なんです。

自分がやったことの結果は、自分が責任をとる、ということです。

簡単に言うと、自分が〝いいこと〟をすれば、自分に〝いいこと〟が起き

る。

自分が〝いいこと〟をした報いは必ず自分に返ってきますよ、ということです。

逆を言うと、自分が悪いことをすると、自分に悪い報いがあるのです。それは、天罰ではありません。また、自分が自分を裁くためのものでも断じてありません。

あくまでも、**「自分のしたことの報いは、自分が受ける」**という話なんです。

「報い」は「天罰」ではない。

〝いいこと〟をすればいいことが、
〝悪いこと〟をすれば悪いことが返ってくる。

責任

家族や友人の責任をあなたがとっていないですか？

たとえばここに、姉と弟の二人きょうだいがいるとします。

姉は毎月、お給料の一割を貯金しています。一方の弟はギャンブルが大好きで、自分のお給料をすべてギャンブルに使っていました。

自分のお給料の範囲内でギャンブルを楽しんでいる間はまだよかったのです。

次第に、お給料の範囲を超えるお金をギャンブルに使うようになり、借金をつくってしまいました。

弟は姉に言うのです。
「ねぇちゃん、金、貸してくれ」とか。
「きょうだいじゃないか、助けてくれ」とか。

このとき、姉はどうすべきでしょうか。

いろいろ意見があると思いますが、魂の時代はこうです。
ふざけんなっ！
ギャンブルやったの、アンタでしょ。
そのように思うのが正しいのです。

そして、自分がやったことの責任は自分がとりなさい、と、弟に教えてあげるんです。

最初のうち、姉は「弟だから」「身内だから」という言葉にしばられて、弟の借金の保証人になったり、肩代わりをしようとするんです。

それをやってしまうと、「ギャンブルにおぼれて借金をつくり、困る」という経験を通じて魂を成長させるはずの弟は何も学べません。

そのうえ、姉のほうも運勢が悪くなります。なぜなら、ギャンブルで借金をつくった弟に「ふざけんなっ！」と言い、自分がやったことの責任は自分でとらせるということが、姉にとっての魂の成長だからです。

要するに、両方とも、泥沼から抜け出すことができないのです。

それって冷たくないですか、って、あなたの気持ちはよくわかります。

けれど、**お互い、自分がやったことの責任は自分でとることが「魂の成長」なんです**。他人《ひと》がやったことの責任をとったのでは「魂の成長」とは言えません。それをやってしまうと、結局、助けられたほうも、助けたほうも助からないのです。両方とも、苦労の人生になってしまうんです。

けれど、そういうことを繰り返しているうちに、姉は「ふざけるなよ」と思うようになります。

「あの子にお金は貸さないわ。あの子は困っているのではなく、学んでいる最中だから」

「あの子のなかにも自分と同じ魂がある。信じて見守ってあげよう」

そう思えるようになったら合格です。
すると、弟のギャンブル借金問題も消えてしまうのです。

自分のやったことの責任は自分でとらせるのが「魂の成長」。

何でもかんでも助けるのがいいとは限らない。
相手の成長を信じて見守ることも大切。

正しさ

魂が成長すれば、正しいことは変わる

〝正しさ〟というものについて、少し、私の意見を述べさせていただきたいと思います。

何が正しいのか、誰が正しいのか、ということを、みなさん、よくおっしゃるのですけれど、正しいことは必ずしも、一つではないんです。いくつもあるんです。そのなかで、**魂が成長すればするほど、どんどん上に行けば行くほど、正しいことが変わってきます。**

どういうことかというと、たとえば、あるお寺の庭にシカが入ってきて、芝生などを食べちゃったそうです。

そのとき、そこのお寺でいちばんエラいお坊さんが弟子たちにこうおっしゃったそうです。

「みんなで叩き出せ」

弟子たちは、師匠の言った通り、そのシカを追い出しながらこう思ったそうです。

「草ぐらい食べたっていいじゃないか」

師匠である、そのお坊さんは、別にいじわるで「シカを追い出せ」とおっしゃったのではありませんでした。

むしろ、別に草を食べたっていいんだ、と、お坊さんは考えているのです。

ただ、シカが人家に出てくるようになったら、きっと猟師さんに処分されるに違いない。だから、シカは山にいたほうがいいんだ。もう二度と里におりてこないよう、一度、叩き出して、痛い目にあわせる必要があるんだ、ということなんです。

愛って、お腹を空かせたシカに、草を食べさせてあげることも、確かに愛でしょう。

でも、シカが猟師さんに撃たれたりしないよう、山に逃げるように仕向けなきゃならない。だから、一度痛い目にあったほうがいいんだ——と考えて叩き出すのも愛。

さて、あなたは、どちらのほうに、より深い愛を感じますか？

その場しのぎのやさしさが「愛」につながるとは限らない。

一見厳しい処置に見えても、
それが深い「愛」につながることがある。

神の愛

困ったことが起こるのは、実は「神さまの愛」

人間の心のなかには、悪の心と善の心の、二つがあるんだよ、って言うんです。

誰の心のなかにも、悪の心と善の心があるんです。それで魔がさして、というか、ついうっかり、悪いほうへ行っちゃうことも、人間にはあるのです。

悪いほうへ行くと、当然、したたかヒドい目にあいます。人生がダメになっちゃったり、人に嫌われたり、起きて欲しくないことが起きてきます。

でも、繰り返し言いますが、それは天罰などでは決してありません。

いま、たいへんな想いをしている人にとっては受け入れがたいことかもわかりませんが、その、起きて欲しくないことは、実は「神さまの愛」によるものなのです。

なぜ、それが「神の愛」なんですかって？

それは、起きて欲しくないことが起きたとき、そこから人は何かを学ぶということなんです。

自分に起きたことから学んで、段々だんだん、お利口になり、もっと幸せで豊かになっていくように、神さまの采配でなっているからです。

みんなのことを（もちろん、あなたのことも）、もっと幸せに豊かにしてあげようとしているのです、神さまは。

だから、神さまはずっと、私たちのことを見ていて、よくしてあげよう、もっとよくしてあげようとしているんです。

私たちを苦しめようとしているのではないのです。

よくなるチャンスを与え、次もまたよくなるチャンスを与えるだけ、なんです。

自分さえよければいいんだ、よその人にはたいへんな想いをさせてもいいんだって、エゴをやっていると、神の愛により、人間関係でも、仕事でもなんでもウマくいかないように、この世の中はなっています。

友だちが自分のもとから去っていったり、一人でさみしい思いをしたり、自分が「わぁ、嫌だな」と思うようなことが起きるんです。

そういう経験を通じて、私たちはさらに豊かで幸せになるための知恵を身につけます。魂は必ず成長し、向上していくようになっています。


だから、私は言うのです。


「困ったことは起こらないよ」って。

一見すると困った〝そのこと〟が、自分をより豊かにより幸せにしてくれる〝階段〟なんですよ、って言うんです。

困ったことは、あなたを
より豊かに幸せにしてくれる〝階段〟。

世の中は、エゴをやっていると
ウマくいかないようになっている。

第3話
見方を変えてごらん。幸せはあなたのすぐそばにあるよ

森のなかで、木の枝についていた木の実が、突然、地面に落っこちたとします。

そのとき、驚いて動揺してしまうことがあるかもしれません。

でも、そんな自分を責めたり、「自分はダメなんだ」と思わないでください。

あなたが動揺したことは、精神的な貧しさのしるしなどでは決してありません。ただ自然の営みを知らなかっただけです。

落ちた木の実はやがて芽を出し、葉を茂らせ、枝を伸ばし、太陽の光と大地の栄養を受けて幹を少しずつ太くし、大木になっていきます。

命はすべて、そのように成長するように創られているのです。

そのことをあなたが知っていたら、木の実が落ちても、「次は芽が出るんだな」と思うだけ。

人生も、落ちた木の実と同じです。

試練や困難がもし起きなかったら、何も始まらないことがあるのです。

気づき

悪いことはあなたに〝気づき〟をもたらす幸運の女神

たとえば、ある女性の話です。この女性には、以前、好きな男性がいました。

結局、相手の男性とはウマくいかなかったのです。

ところが、しばらくして、その彼女に、別の好きな人ができた。そのとき、彼女はこんなことを言ったのです。

「あの人とウマくいかなくてよかった」

〝こと〟が起きた、そのとき、その一点だけ見つめてばかりいると、つらいことが起きたように、人は思ってしまいがちです。

でも、時間がたって、いま、自分がいるところから、自分が歩いてきた道をふり返って見る余裕ができたとき、人は必ず気づくのです。

あんなことがあったからこそ、いまの自分がある。ちょっとバージョンアップした、いまの自分になるために〝あのこと〟が起きたんだと、気づきます。

そして、**「〝あのこと〟がなかったら、いまの自分はいないだろう。あぁ、ありがたい」**と、人は感謝を覚えるのです。

だから、私は言うんです。神さまはあなたを見捨てないんだよ、って。

あなたが神さまを見捨てたときですら、神さまはあなたのそばにいて、見捨てたりしなかったのです。

神さまはあなたを絶対見捨てない。

〝あのこと〟があったから〝いまの自分がある〟と思える日が必ずやってくる。

試練

神さまはあなたが乗り越えられる試練しかお与えにならない

すでにお気づきの方もいらっしゃることでしょう。

私は、神さまが大好きです。

と言っても、特定の宗教団体には属しておりません。

私たち日本人の先人たちは、空や海、山など、この世に存在するものすべてに〝神〟を見て大切にしていました。

それと同じなのです、私が「神さまが好き」というのは。そして私は神さまを信じています。

何があっても、神さまは私たちを愛している、未熟だからこそ愛してくれているのが神さまなんだと確信を持っています。

誤解しないでくださいね。私は、みなさんに「私みたく神さまを信じろ」と言っているのではありません。

一人さんという人はそういう人間ですよ、と表明しているだけなんです。

なぜ、「自分は神さまに愛されている」という、私の想いがゆらがないのかというと、理由の一つは、自分に起きてくる問題は、自分を進歩向上させようとして天の神さまが与えてくださったものなんだ、自分をバージョンアップさせてくれる〝階段〟なんだ、ということを教わったおかげだと思っています。

自分をバージョンアップさせてくれる〝階段〟とは、どういうことかというと、たとえば、次のようなことです。

昔むかし、あるところに、一組のご夫婦がいました。

奥さんが、ものすごく口やかましい、俗に言う「悪妻」なんです。そんな女性を妻にした男性は、こんな言葉を残しました。

悪妻を持てば哲学者になれる。

この言葉を言ったのは、哲学者ソクラテスです。「哲学者になれる」と言った通り、ソクラテスの人間性は悪妻のおかげで磨かれて、バージョンアップしたのです。

神さまは私たち人間を進歩向上させよう、もっと豊かに幸せになって欲しいと願って、試練を与えてくださる。それも、ただつらい思いをさせるだけではないのです。

あなたが耐えられないような試練は、神さまはあなたにお与えにならない。

自分に乗り越えられるような試練しか、自分には与えられません。

しかも、試練とのセットで〝開運の扉〟も、必ず用意されているのです。

〝開運の扉〟とは何ですかって？

それは、あなたの心に安らぎをもたらしたり、明るく楽しい気持ちに切り替えてくれる何かです。

神さまは私たちを
バージョンアップさせるために
試練を与える。

しかも、その試練には〝開運の扉〟が
用意されている。安心して前に進もう。

開運の扉

幸せはあなたのすぐそばにある

「会社に行くの、嫌になっちゃったんです」という女性がいました。

理由をたずねたところ、

「自分より若いＯＬたちの会話があまりにも幼稚で、話を合わせるのがたいへんなんです」と、彼女は言う。

私は「そうなんだ、たいへんなんだね」って、彼女の話を聞いていたんです。

ところが、途中から彼女の話す内容が変わってきたんです。

「実は職場で気になる男の人がいるんですけど」

「彼のこういうところが素敵なんです」

「その人は上司なんですけど」って言うんです。


私はすかさず言いました。

「だったら、明日から、大好きなその人に会いに行くと思ってごらん」


そしたら、彼女は頬を赤く染め、満面の笑み。急に幸せになっちゃった。

彼女のために、神さまは、その素敵な男性に恋をする、という〝開運の扉〟を用意しておいてくださったのですね。

なのに、彼女は自分と馬の合わない人たちばかりを見ていた。好きな人のことを見ていれば幸せなのに、嫌いな人にばかり焦点を合わせ、浮かない顔をして「もう、会社行くの、嫌んなっちゃった」って。

でも、「ほら、ごらん」って。

こっちに向いていたのを、あっちに向き直したとたん、同じ職場のなかに、心ときめくことがあったと気づいたんです。

幸せは、自分のすぐそばに、すでにあった。

自分が見るべきものに、目を向けていなかったのです。その向きを直しただけで、幸せになっちゃったんです。

幸せはいつでも
あなたのすぐそばにある。

見方・考え方を変えるだけで
人生は変わる。

モノの見方

一人さんが苦言や注意に腹が立たなくなったのはなぜか？

おかげさまで、私は最近、腹の立つことが格段に少なくなってきました。

いやあ、でも、一人さんが怒るようなことってないでしょう――と思っている人が多いんですけれど、以前は、いまと比べたら、腹の立つことがあったのです。

たとえば、税金で「予定納税」というものがあります。

今年、税金を一億円払ったとすると、次の年は、収入がなくても一億円の半分は払わなきゃならないのです。

もちろん、収入が全然なかったら、一年後には返してくれるのですが、なくてもとられるのは、事業主のみなさんにとって、たいへんですよね。

それから、帳簿をつけなさいとか、あぁしなさい、こうしなさい、これはこうじゃなきゃダメだ——とか、いろいろ言われるから正直、面倒くさい。

私も、会社を興したばかりの頃は、「もう、いいかげんにしてくれ!!」と思ってたんです。

お金をとられたうえに、こんな面倒くさいことを押しつけてきて、なんなんだ!! とムカついたりしました。

でも、よく考えたら、税務署は会社がつぶれないように監督してくれているんですよね。

国は、私たちをつぶしたくないのです。

なぜなら、私たちは金《きん》の鶏《とり》だから。

金の鶏である会社がつぶれちゃうと、収入が減って国が困っちゃう。

われわれが、帳簿もつけない、お金の流れも把握していない、お金も貯めていないとすると、私たちの会社がつぶれてしまうだけではありません。この国の福祉も成り立たなくなってしまいます。

事業主の人たちのなかにも、親御さんが高齢で寝たきり、という人がいます。そういう人たちが困るんです。

だから、私たちのため、みんなのために、わざわざ、うるさいことでも言ってくれるんだ、ありがたいなぁ――と思ったら、実際ありがたく見えてくる。

これって全部、私たちのためだったんだと、見方が変わったときに、相手に対して腹が立たなくなってくるんですね。

そういう経験を経ていま、私は腹の立つことがホントに少なくなりました。それだけ、私が大人になったんですね（笑）。そうすると今度、こうして、いろんな体験を踏まえながら、若い人たちに楽しく教えることもできるようになってきたのです。

何事も見方を変えれば「ありがたいなぁ」と思える。

苦言や注意もすべて〝自分のために言ってくれている〟と思うと腹が立たなくなる。

目的地

人は間違いを軌道修正しながら“目的地”に向かっている

私たち日本人は、春夏秋冬、四季のあるところに住んでいます。
そういうところに住んでいる以上、冬に備えておくのは当然なんです。
人生にも同じことが言えます。

人間は歳《とし》をとります。赤ちゃんのときもあれば、青年期もあれば、中年期もあるんです。

定年退職を迎えてからの人生が、意外と長いんです。ですから、それに備えるのは当然なんです。現役サラリーマンのうちは、一生懸命、働かなきゃいけない。そして、入ってきたお金は、全部使っちゃダメなんです。毎月、収入の一割ずつでも貯めておいたほうがいいんです。

でも、こういう人もいると思うんです。

「自分に入ってきたお金は、自分の好きなように使っちゃいたい」

もちろん、あなたのお金なんだから、あなたの好きなように使っていいのです。

ただ、「お金を貯めておくのと、好きに使っちゃうのと、どっちがいいんですか?」と聞かれたら、私は大人として「毎月、自分に入ってくるお金の一割ずつぐらい、貯めておいたほうがいいですよ」と言うんです。

それでも、全部使っちゃうんだ、という人がいるのが自然です。それでいいんです。

全部使って、貯金が一銭もなかったら、お金で痛い目をみて、「これではいけない、貯めなくちゃ」ということがわかってきます。

この、痛い目をみせてくれることが、神の愛なんです。

だから、**人生というのは、間違ったことをしていると、ヒドい目にあうんです。**

最初は、自分が間違ったことをしていることがわからないから、何度も同じ間違いを繰り返すのだけれど、そんなことをしているうちに、何が大切で、何が大切じゃないかがわかり、正しいほうへ軌道修正されていきます。

だから人というのはね、転んだり、つまずいたりしながら〝目的地〟にちょっとずつ、近づいているんです。いま、こうしている間にも〝目的地〟に向かっているのです。

私たちは、いまこうしている間にも
〝目的地〟に向かっている。

転んだり、つまずいてもいい。人生は必ずウマくいくようになっているから心配しなくていい。

第4話

結局、やられても
やり返さない人が一番強い

自分は本当は白なのに、誰かに「おまえ、赤だろ」と、いわれなきことを言われたとき、みなさんはどうしますか？

「自分は赤なんかじゃない！」

と、反論をこころみる、という方が大半ではないでしょうか。

ちなみに一人さんの場合、どうするかというと、「おまえ、赤だろ」と言われたら、にっこり微笑《ほほえ》みながら、こう切り返します。

「いや、赤じゃなくて、真っ赤ですよ（笑）」

最　後

最後はやられても やり返さない人が〝勝つ〟

「売り言葉に買い言葉」と言いますが、いままで、売られた言葉を買ってもロクなことがなかった。それでも、つい買ってしまうのが「売り言葉」です。

いわれなきこと、不当なことを言われたとき、その「いわれなきこと」「不当なこと」というのは、反論したくなるようなことと決まっている。だから、つい買ってしまうのです。

「売り言葉」でも何でもそうなんですけれど、他人《ひと》が嫌なもの、悪いものをあなたに与えようとしたとき、たいがい、怒ったり、動揺したりしますよね。そうなると人は、つい、やり返しちゃうんです。でも、やり返すと〝負け〟なんです。

いわれなきこと、非難、中傷に目くじらを立てて相手に言い返すのは、相手と同じ土俵に自分がのっかった、ということ。だから、こちらの〝負け〟。

相手があなたに悪いものを与えようとしても、あなたがスルーしてしまえばいいのです。そうすれば、「よし吹く風荒くとも、心の中に波たたず」。お釈迦さまの境地です。

簡単に言うと、**相手がいくら言ってても自分がやらなきゃ勝ち、と決まってるんです**。この世の中は、そういうルールなのです。

ですから、たとえば、自分の親にこんなことを言われたとします。
「おまえは、ホントにわがままだな」
自分では、親の期待に応えようとして真面目に、一生懸命、勉強したり、生きているつもりでいるのに、「わがままだ」と言われたとします。

そのときは、反論しないのです。たとえば、「ホントにそうだね。ウチの一族でいちばんわがままだね」とか、ワンクッション置いて、「父さんのおかげで東京の大学に通えてるんだよね。ありがとう。感謝してます」とか、相手が喜ぶ言葉を相手に贈ってみる。

ちなみに、東京・新小岩にある、「一人さんファンの集まるお店」（通称、ひとりさんファンクラブ）に通っている〝たくちゃん〟という男の子が、この方法をやってみたんです。

修業相手であるお父さんに「そうだね、わがままだね」と言ったんですって。

その後、お父さんは彼にうるさいことを言わなくなったそうですよ。

相手が何を言ってきても
やり返さなきゃ〝勝ち〟。

反論せず、逆に相手が喜ぶ言葉を返すと
人生はよくなる。

悪　口

悪口や変なウワサ話には、こう対処する

誰かに悪口を言われたとき、相手が私の悪口を言っていること自体が、私の勝ちだ、って私は思っているんです。私は相手の悪口を一回も言わないから、私の勝ちだ、って。

最初のうちは、相手の言っていることを信じる人がいるかもわかりません。万に一つ、そうだったとしても、長く言っているうちに、他人《ひと》の悪口を言っている人は、段々、周囲からの信用がなくなってくる。

だから、相手が悪口を言いだしたら、私の勝ちなんです。
悪口は、言ったほうが負け。長く言えば、大負けです。

ですから、「あの人があなたの悪口を言ってるよ」と言われたときは、たった一言、こう言うのです。

「他人《ひと》が何を言うかは、どうしようもないんです。この世の中でできるのは自分が言わないことだけなんです」

ウワサ話もそうですよ。自分にとって都合の悪いウワサ話をさせないことは、自分にはできないのです。

だから、「私も完ぺきじゃないから、相手の気に入らないところがあるんだよ、きっと。それと、私は他人《ひと》の悪いウワサ話をしないことはできるけど、自分のウワサ話を他人《ひと》に言わせないことはできないんだよ。だけど、そのうち、ホントのことがわかるし、ウワサもおさまるよ」と、それだけ、こたえるんです。

そしてウチに帰って、言うんです。

「この程度の報いでよかった、ツイてる♪　ツイてる♪」って。

「この程度の報いでよかった」を四回言って、そのあとに「ツイてる♪」を九回言います。そうすると、変なウワサ話がおさまってくるんです。

やがて、周りの人も「あの人、言いすぎだよね」って、味方をしてくれるようになるんです。

悪口もウワサ話も
あなたが言わなければ〝勝ち〟。

「この程度の報いで済んで、本当によかった」

「ツイてる♪　ツイてる♪」ですべては丸くおさまる。

嫌なヤツ

〝嫌なヤツ〟への復讐は、天にお任せ

人間関係の問題は、いろいろあるんですけれど、「これだけ覚えておけばいいですよ」というものがあるんです。

これだけ覚えておけば、いろいろな問題があるなかの八割は大丈夫。解決するんです。

この世の中には〝嫌なヤツ〟っているでしょう?

イヤミを言ったり、いばったりする〝嫌なヤツ〟がどこに行ってもいるんですけれど、それをやめさせようとしちゃいけないんです。

「復讐するは我にあり」じゃないけれど、復讐は人間がすることではないのです。

悪いことをした人には必ず、悪い報いがくる。だから、**ことのなりゆきは、天の神さまにお任せするんです。**

そして――ここが大事なところですよ、いいですか。

「やられたらやり返せ！」って、その〝嫌なヤツ〟の悪口を言っていると、今度は言った人に悪い報いがきてしまうんです。

自分の畑に自分がピーマンをまいたからピーマンがなる。自分の畑に、自分で麦をまけば、麦がなる。そして、自分がまいたものを、自分が刈り取るんです。

隣の人が唐辛子をまいていても、唐辛子を収穫するのは隣の人であって、あなたではありません。

それと同じで、あなたがイヤミなことを言われた場合、悪いことが起きるのは、あなたではありません。あなたにイヤミなことを言った、その人間です。

つまり、**放っておいても、勝手に相手は痛い目をみるようになっているのです。**

それを、あなたがもし「イヤミを言われて嫌な想いをさせられたんだから、こっちも、あの人にイヤミをお返ししてやるんだ」という気持ちでいると、あなたから〝居心地のよくない〟ムード（波動）が出てきます。

それではあなたに、人も、運も、お金も、近寄ってきてくれません。それどころか、自分が望まない、嫌なことを招き寄せてしまうんですよ。

だから、復讐しようとしちゃいけないのです。復讐はあなたの仕事ではありません。

それだけ頭に入れておくと、人間関係はだいたい何とかなります。なぜか、そうなんです。

復讐はあなたの仕事ではない。

イヤミを言われても放っておくと
自然と相手が痛い目をみる。

あいさつ

見知らぬ人にもあいさつできますか？

私たちは前世であるとか、その前、さらにもっと前に、いろんなことをしてきました。

自分が〝いいこと〟をしていれば、いい報いが自分にきます。
自分が悪いことをしていれば、悪い報いが自分にきます。

それから私は、誰も傷つけないように、私なりに一生懸命しゃべったり、本を書いたりしているんです。でも、ついうっかり、こうポロッてしゃべっちゃうことってあるんです。そうすると、クレームが入ったりするんですね。

段々だんだん〝一人さんファン〟の人が増えてきて、ほめてくださる人も多いんですけど、私ね、意外と注意されることも多いんですよ（笑）。注意されると、「次はちゃんと話そう」って思うんです。それでもね、〝ついうっかり〟の連続なんですよね。

そんなこと、こんなことがたまると、コンビニでエロ本を買っているところをファンの方に見つかって、報いがくる（笑）。

この程度の報いでよかった、ツイてる♪　ツイてる♪　ですね。

仕事でも何でもそうです。

私たちの「為《な》す」ことに完ぺきはありません。**完ぺきには生きられないのです。**

そんな自分をゆるしつつ、少しずつ、少しずつ、他人《ひと》を傷つけることを減らしていく。

そして、目の前にいる人に、元気になるような言葉をしゃべろうと思うんです。

他人《ひと》が元気になるような言葉をしゃべろうとすると、どうなりますか、って？

牛乳を加工するとチーズになったり、ヨーグルトになったり、価値あるものができあがるでしょう。それと同じように、私たちも一生懸命いっしょうけんめい、少ない努力でもやっていると価値あるものが自分の人生にできあがってくるんです。

わかりますか？

ちょっとした悪い因果を積んでもね、変な話、ある日突然、とんでもない金利がついて返ってくるし、もちろん〝いいこと〟をすれば〝いいこと〟がいっぱい起きるんですよ。

たとえば、私のお弟子さんの一人である〝みっちゃん先生〟は、高速道路のサービスエリアだとかのトイレで掃除をしている人を見ると、知り合いでも何でもないのに「キレイにしていただいて、ありがとうございます」とかって言うんです。

だから、みっちゃんの人気って、すごいんです。

そんな、ちっちゃいことが、みっちゃんの運勢をよくしていると思うんです。

私もみっちゃんを見習って、ちょこっと〝いいこと〟、ちょこっと〝いいこと〟続けていきたいな、って思ってます。

人は完ぺきには生きられない。

完ぺきでない自分をゆるし、
少しずつ他人《ひと》を傷つけることを減らしていく。

人

人は変わる、絶対、よくなる！

〝一人さん〟といえども、日々、いろんなことがあります。

みなさんにも、いろんなことがあると思うんですけれど、よかったら、ごいっしょにちょこっと〝いいこと〟、〝いいこと〟ちょこっとしてみませんか？

目の前に出てきた人に、にっこり微笑んで「おはようございます」とか、「こんにちは」とか、「キレイだね」とか、「あなたのおかげで助かってるよ」とか言ってみる。

たとえば、ご飯屋さんにご飯を食べに行ったら、ウマくなかった。それでも、「マズい」とか言って怒ったりしないで、黙って食べる。それだけでいいんです。

女性がいて、「この人は、ウチの母親と同じぐらいの年かな」とか、「もっと上かな？」と思っても、声をかけるときは「おねえさん」と言う。

そうやって相手が喜ぶことをしていると、あなたに、いい報いがきます。

他人《ひと》を平気で傷つけちゃう〝嫌なヤツ〟は、もう放っておきましょう。

そういう人はね、たいがい他人《ひと》を傷つけている自覚がないんです。母国語が〝悪口語〟なんです。〝悪口の国〟というのがあって、そこに生まれ育って、ずっと暮らしてるんです。

本当にそういう人っているんです。生まれたときから、周りの人たちもそういう会話しかしていない家庭って、あるんです。

たとえば、フランス人って、フランス語をしゃべるでしょう。自分たちがフランス語をしゃべるのは当たり前すぎて、何とも思ってないんです。

それと同じで、周りにいる人がみんな、他人《ひと》の悪口をのべつまくなしにしゃべっている環境にいる人は、自分たちが悪口を言っている自覚がないんです。

だけど、そういう人なんだということがわかったら、多少は相手を見るときに見方が違ってくるじゃない？

それに、**人は変わるんです。絶対によくなるの。**

あの人、悪くなっていく――って心配しなくていいんです。なぜなら、振り子だって振り切ったら、戻ってくるでしょ、って。

ともかく、人は絶対によくなるんです。

「よくなる」と思わなかったら、この世は地獄です。その〝嫌なヤツ〟がこれからもずっと〝嫌なヤツ〟だと思ったら、それこそ嫌になっちゃう。

でも、人は絶対によくなります。

今世ならなかったら、来世になる！

みんなそう、私もそう、あなたもそうです。絶対によくなるの。

この流れを信じて、私は相手に巻き込まれないんだ、って思ってください。

いまからでも、ちょこっと〝いいこと〟を貯金して、続けていこうと私は思っています。

人生がよくなるコツは相手が喜ぶことをすること。

この流れを信じて〝いいこと〟を貯金していけば人生は必ず変わる。

エピローグ

人生に奇跡を起こす たった一つの方法

誰でもみんな、もう十分がんばっています。

だから、きっと私は、あなたにも「がんばってるね」と言うでしょう。もうすでにあなたは十分がんばっているのだから——。一人さん、何を言いたいんですかって？

がんばりすぎはね、あなた、やめたほうがいいですよ、って言いたかったの。

〝自分の生きる道〟に沿って生きていれば〝動く歩道〟に乗っかっているようなもので、自然しぜんと導かれていくんです。度外れた努力って、本当に要らないんですよ。

もちろん、まったく何の努力もしなくていいよ、と言っているのではありませんよ。

いくら「千葉に行きたい」と願っても、車に乗ったり、電車に乗ったり、自分が千葉に向かおうとしなかったら、いつまでたっても着きっこないのです。

ただ、電車で行こうが、車で行こうが、千葉に向かうとあらかじめ決めて出発している。

人は、横やりが入ろうが何しようが、起きるべくして〝こと〟は起きるのです。

天職

「天職」に巡り合える人、巡り合えない人

人というのは、いろんな才能の人がいるんです。

たとえば、平気で高いところに上がれちゃう人がいます。重いものを持つのが全然苦じゃなくて力仕事に向いている人もいます。いろいろです。

でも〝自分の才能〟というものに気づいている人はきわめてまれ、なのかもしれません。

たとえば、ある女性で、コンパニオンをしている方がいらっしゃったんですけれど、その女性はね、お客さんがいい男だろうが、なかろうが、誰に対しても分け隔てなく親切なんです。

そして、聞き上手。相手がどんなに、つまらない話をしても、「うん、うん」ってちゃんとうなずいて、一生懸命、聞いてあげる。

へぇ、この人は接客業の鑑《かがみ》みたいな人だ、すごいなぁ――と思ったら、なるほど道理で、彼女はものすごい近眼の人でした（笑）。彼女は接客のときはメガネを外して接客をしているんです。

メガネを外すとほぼ見えなくなってしまいます。自分が接客している相手がいい男かどうか判別がつかなくて、誰に対しても分け隔てなく接するんです。

そして、うなずきはね、首をふるクセ、みたいなものがあるのだそうです。

わかりますか？　視力がよくないことも、首をふるクセも、コンパニオンという仕事にものすごく役に立っているんです。でも、それって努力して得たものですか、というと、そうではないでしょう。

ということは、それ、才能なんですよ。

コンパニオンという仕事が、その才能を開花させてくれたんです。

だからといって、視力がよくない人はみんなコンパニオンをやりなさい、と言っているのではありません。

人って向き向きですからね（著者注：肯定的な一人さんの辞書のなかには「向き不向き」という言葉がありません〈笑〉）。

それよりも、私が願っていることは、みなさんが幸せならいいんです。

どんな仕事をしているか、ということよりも何よりも、あなたがいま、幸せであることがいちばん大切です。

それで、いろいろな仕事をやってみて失敗だったら辞めればいいんです。

そういう経験をしながら、仕事に呼ばれ呼ばれて、やがては「これが私の天職だ」と思えるような仕事と巡り合う。

人生はそういうものです。

あなたはいま、幸せですか？

大切なのは、仕事の中味ではなく
その仕事であなたが幸せと思えるかどうかです。

生きる道

なぜモーゼは奇跡を起こすことができたのか？

人にはそれぞれ〝自分の生きる道〟というものがあります。

生まれてくるとき、全員、それをいただいて出てくるのです。

私たちはそれぞれ〝自分の生きる道〟に沿って歩き、自分の人生を創っていきます。

〝自分の生きる道〟に沿って歩いていると〝起きるべきこと〟が起き、次第に〝自分のお役目〟というものができあがってくる。

そういうふうに人生は展開していくようになっています。

たとえば、モーゼという人がいます。モーゼは昔むかし、古代イスラエルの世に、指導者あるいは預言者として活躍した人物です。

生まれてすぐに捨てられ、拾われてエジプトの王といっしょに育てられたのに、ムチで打たれた労働者を助けようとして誤って人を殺してしまい、エジプトを去ることになります。

ところが、その後、神の啓示を受け、イスラエルの民を奴隷解放へと導いたと、伝えられています。

モーゼは数奇な運命をたどったように見えますが、ただ「モーゼの生きる道」に沿って生き、そして、あの奇跡が起きたのです。

それは、イスラエルの民を連れてエジプトを出たモーゼが、エジプト軍によって紅海まで追い詰められたときでした。

モーゼが手に持っていた杖をふりあげると海が割れ、モーゼ一行はエジプト軍から逃げきることができたのです。

そして、彼の後を追って海を渡ろうとしたエジプト軍は、海に沈んでしまいました。

このような奇跡でさえ、**モーゼがモーゼの生きる道を生きてきたなかで、起きるべくして起きた〝こと〟なのです。**

起きるべくして〝こと〟が起きるのなら、生きがいがないじゃないですか！
——って、そういうことを言っているのではないのですよ、私は。

私が伝えたいのは、「急がない、巻き込まれない、引きずられない」なのです。

〝自分の生きる道〟を懸命に歩いていると〝自分のお役目〟が見えてくる。

そのためには「急がない、巻き込まれない、
引きずられない」。

起きるべき“こと”

起きるべき〝こと〟は絶妙なタイミングで起きる

この前、テレビを見ていたら、「本当に海は割れるんだろうか」という話をしていました。

それによると、ある一定の区域に隕石が通ると磁場が狂って、海が割れる可能性がある、ということでした。

ところで、隕石というのは何千年も前から宇宙を飛んでいるんですよね。

モーゼが生まれる前から、隕石は宇宙空間を移動していたのです。

その隕石が、なぜか、モーゼ一行がエジプト軍に紅海まで追い詰められたタイミングで、その区域に入ってきた。何千年も前から宇宙を飛んでいた隕石が、です。

それによって海が割れ、そしてまた、モーゼ一行が渡り切ったタイミングで、エジプト軍が海に沈むようになっていたのです。

起きるべくして、その〝こと〟は起きたのです。

ところが、もし仮に、モーゼががんばりすぎたり、急ぎすぎたり、人の人生に巻き込まれちゃったりすると、モーゼはモーゼの生きる道を失ってしまいます。

仕事や家庭のこと、人間関係でも、「なんかウマくいかないな」と思うようなことが起きる。つまり、起きるべき〝こと〟が起きなくなってしまうんだよ、って言いたいのです。

だから逆に言うと、たとえば、一人さんは**「急がない、巻き込まれない、引きずられない」で、一人さんらしく生きていると、絶妙なタイミングで〝こと〟が起きてくるのです。**

急いだり、人の人生に巻き込まれたり、
引きずられないようにしよう。

あせらず自分らしく生きていくことが大切。

強　運

小さな努力の積み重ねが、ある日「強運」に変わる

丁稚《でっち》から身を起こした松下幸之助さんという方がいます。私が敬愛している先輩の一人です。

みなさんのなかにも、松下幸之助さんはスゴイ!!　と思っている方が少なくないでしょう。

スゴイたいへんな思いをされたのだろうな、と思いきや。

子ども時代に、自転車屋の小僧さんとして勤めていた松下さんは、その自転

車屋さんの小僧のなかでいちばんになろうとしただけでした。

電気屋さんになったときは、簡単なソケットを作っていたんです。

何が言いたいのかというと、強運というのは、**必ず自分の手が届く範囲の努力、それの積み重ねなのです。**

人は全員、それぞれ〝自分の手足の届くところ〟に必ず出世のチャンスがあるんです。

あるいは〝自分のレベル〟が上がる機会が必ずあります。

それなのに、他人《ひと》と自分を見比べてあわてて一気に上に行こうとするから、転んでしまう。ウマくいかないのです。

そういうことは絶対にしちゃいけないんです。

そのときそのときの、自分ができることだけ、やるんです。

他人《ひと》は他人《ひと》、自分は自分。

他人《ひと》と自分を比べて、
一気に上に行こうとしない。

奇　跡

奇跡は必ず起きる

急がない、巻き込まれない、引きずられない――。

これらの言葉は、最近、私が自分の心に留め置いているものです。

「引きずられない」とは、他の人の運命に引きずられない、ということ。

「巻き込まれない」とは、他の人の人生に巻き込まれないことです。

そして「急がない」。

「急がない」とは「何もやらない」ということではありません。
何の努力もしないで「幸せになりたい」ってムチャですよ。
幸せになるには、幸せになるようなことをやらなきゃならないのです。

人は、自分ができる努力はみんなしているんです。度外れた努力とか、度外れたがんばりかたをすると、自分が自分じゃなくなって、神の創った天命がズレてきちゃうんだ——って、私は思っている人なんです。

私は神が与えてくれた〝この道〟を信じて、天命に任せて人事を尽くそうと思って生きてきました。いまもそうなんです。起きること、起きることに対して、そのときの自分ができることを淡々とやっているのです。
そうやって生きていたら〝自分なりの奇跡〟〝その人なりの奇跡〟というも

のが起きてくるようになる。

確かに、まったくがんばらないで、天からもらったこの命を、なんで価値なく生きちゃうの!!　と言いたくなるような人もいるでしょう。

でも逆に、がんばりすぎて、せっかくの人生を台無しにしてしまう人も、意外といっぱいいるんじゃないかな。もしかして、あなたも、そういう人かもしれません。

だから私は伝えたい。あなたに伝えたいのです。

急がない、巻き込まれない、引きずられない。

そのために「ツイてる♪」です。

この言葉、「ツイてる♪　ツイてる♪」って何度でも言ってください。

そして、自分に起きてきたことに対して、自分のできることをやっていくんです。

そうすると自然しぜんと〝自分の生きる道〟に運ばれて〝自分のお役目〟というものができあがっていきます。「私の〝お役目〟はなんでしょう」とか、「私の〝生きる道〟はなんだろう」などと、あなたが考える必要はないんです。

自分はツイてると思いながら、自分ができることをやればいいだけなんです。

それをやっているうちに、その人、その人なりに、ツイてる♪　すごいことが起きる。

人生というのは、そういうふうに、なるようになるものなんです。

だから安心してればいいですよ。ツイてる♪　ツイてる♪

自分ができることを
毎日、淡々とやる。

それが〝その人なりの奇跡〟を起こすのです。

〈著者紹介〉

斎藤一人（さいとう　ひとり）

実業家。「銀座まるかん」（日本漢方研究所）の創設者。1993年から納税額12年連続ベスト10入りという日本新記録を打ち立て、累計納税額に関しては2006年に公示が廃止になるまでに、前人未到の合計173億円を納める。土地売却や株式公開などによる高額納税者が多い中、納税額はすべて事業所得によるものという異色の存在として注目を集めている。また、著作家としても「心の楽しさと経済的豊かさを両立させる」ための著書を何冊も出版している。主な著書に『お金の真理』『微差力』『大丈夫だよ、すべてはうまくいっているからね。』（以上、サンマーク出版）、『斎藤一人　しあわせを招くねこ』（ＫＫロングセラーズ）、『強運』（ＰＨＰ文庫）などがある。

ひとりさんがブログを始めました！

「さいとうひとり公式ブログ」

http://saitou-hitori.jugem.jp/

絶対、よくなる！

2016年７月１日　第１版第１刷発行
2018年３月８日　第１版第10刷発行

著　　者　斎藤一人
発 行 者　清水卓智
発 行 所　株式会社ＰＨＰエディターズ・グループ
〒135-0061　江東区豊洲5-6-52
☎03-6204-2931（編集）
http://www.peg.co.jp/
発 売 元　株式会社ＰＨＰ研究所
東京本部　〒135-8137　江東区豊洲5-6-52
普及部　☎03-3520-9630
京都本部　〒601-8411　京都市南区西九条北ノ内町11
PHP INTERFACE　https://www.php.co.jp/
印 刷 所
製 本 所　図書印刷株式会社

ISBN978-4-569-83089-6